StineStregen

Ich bin f*cking ICH

StineStregen

Ich bin f*cking ICH

aus dem Dänischen von
Meike Blatzheim

Warum gilt es eigentlich als Faulheit, wenn man Zeit braucht,
die eigenen Gefühle in sich aufzunehmen und zu verstehen?

Niemand versteht mich.

Nicht mal ich selbst versteh mich.

Sie hat ein verdammtes blaues Herzchen geschickt. Hat das was damit zu tun, dass es kein richtiges Herzblut ist, oder mit was Adeligem? Vielleicht heißt es auch, dass wir keine Freundinnen mehr sind?!? Hab ich irgendein Meme verpasst, auf das ich was Bestimmtes hätte antworten müssen, um ihr zu zeigen, dass wir voll viel gemeinsam haben, halt sowas, was die ganzen Idioten nicht kapieren, aber wir kapieren's, weil wir Freundinnen sind? Jedenfalls war's voll falsch, ein blaues Herzchen zurückzuschicken wie so ne fucking Idiotin, das hat ihr nur gezeigt, dass ich echt keine Ahnung hab oder jedenfalls nicht kapiert hab, worum's geht. Und was, wenn sie gar kein blaues Herzchen schicken wollte, also, wenn sie sich nur vertippt hat, und ich jetzt wie ne Loserin ausseh, weil ich auch ein blaues zurückgeschickt habe, so, als würd ich sie vorführen oder wäre voll sarkastisch, so haha, du dumme Kuh, weißt du nicht mal, dass Herzen rot sind, Mann? So eine beschissene Scheiße. Das Wichtigste ist jetzt, dass ich mir nichts anmerken lass. Vielleicht tu ich einfach so, als könnt ich mich an nix erinnern, wenn sie was sagt. Oder bin ich eine bessere Freundin, wenn ich sie drauf anspreche? Bedankt man sich für blaue Herzchen? Oh Mann, ich glaub, ich muss ...

Reden andere Leute auch mit Tieren und Dingen, als ob sie Menschen wären?

Tut mir leid, du kleine Pflanze.
Du hättest etwas Besseres verdient.

Diese Tage, an denen man Menschen einfach nicht erträgt:
Wie kommt man an dem penetranten Obdachlosen-
zeitungsverkäufer vorbei, ohne Karmapunkte zu verlieren?

Ich bin so lange stark geblieben.

So lange.

ZU lange.

Immer wieder schreit das Tigerbaby nach seiner Mutter.

Aber sie ist tot.

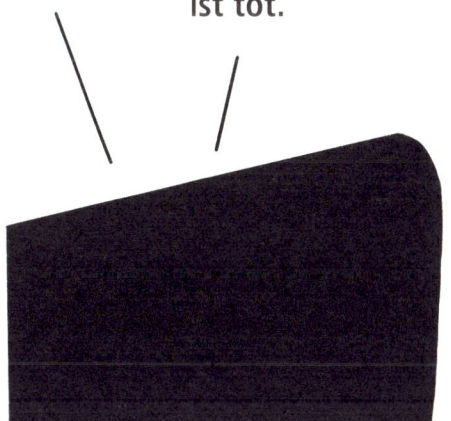

 670 000 341 unbeantwortete Nachrichten

Wir werden einander sehr schätzen,
wenn wir erst älter sind, sagen sie.

Ich hab zu viel gequengelt.

Und dann meinen Willen gekriegt.

Das war doch, was ich wollte.

Aber ohne mich wie ein Riesenbaby zu fühlen!

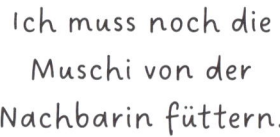

Warum müsst ihr mit meiner Offline-Zeit zu Insta-Stars werden? Das ist megaunfair!

Wann deine Eltern 100%ig auftauchen?
Wenn gerade eine Sexszene läuft.

Deine Mutter, wenn dir jemand etwas schreibt, das nur ein kleines, <u>kleines</u> bisschen versaut ist.

Lass uns bloß nicht die Minuten (Stunden) (Tage) zählen, die ich damit verschwendet habe, die Größe meiner (zukünftigen) Brüste auszurechnen.

Warum ist das hier so süß ...,

... wenn das hier so hässlich ist?

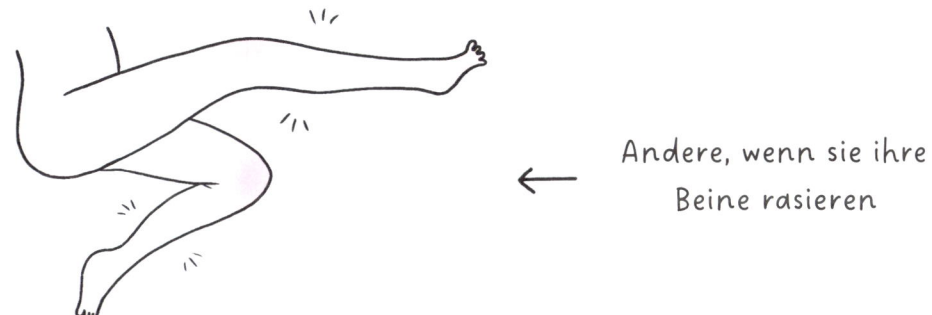

Andere, wenn sie ihre Beine rasieren

Okay ... Das hier soll ich ab jetzt also jeden zweiten Tag machen?

Ich, wenn ich mir die Beine rasiere →

Ich wünschte, ich wäre mit schöneren Haaren geboren worden.

Und mit schöneren Beinen.

Mit viel schöneren Lippen.

Und einer hübscheren Taille.

Und witziger.

Also einfach ein bisschen nicer, wo alle anderen doch so verdammt nice sind.

November

← Die Fotos, die ich von mir mache.

Die Fotos, die andere von mir machen. →

Extrovertierte gewinnen immer.

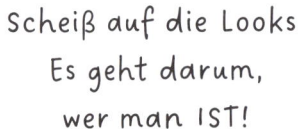
Meine Freundinnen →

→ Meine Freundinnen, aber auf Insta

Meine kleine Schwester feiert ihren Jahrestag mit ihrem Freund. Ich feiere 3-Wochen-Tag: Drei Wochen Verliebtsein in einen anonymen Typen aus einem Imbiss.

Ich hasse Kälte.
Ich liebe den Winter!

Einige von uns sind Vor(her)-Bilder, ganz egal, was sie auch anstellen.

Narben und kleine Fehler sind so schön und poetisch.

ABER VERDAMMT NOCH MAL NICHT AN MIR!

YUM YUM,
du leckeres kleines Ding!

Man sollte denken, ich wüsste,
wie mein Geschichtslehrer
von hinten aussieht.

  Dinge, in denen ich gut sein sollte

 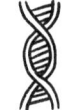     

Dinge, in denen ich gut bin

Was ich anderen erzähle, wie ich mir meine Zukunft vorstelle.

Wie ich mir meine Zukunft wirklich vorstelle.

Die schöne Entdeckung:
Hey, ich bin alt genug,
um Geld zu verdienen!

Die blöde Entdeckung:
Hey, ich befinde mich geldmäßig
in der Kategorie »Baby«.

In der Schule lernen wir nur, zur Schule zu gehen. Keiner bereitet uns aufs Leben vor. Zum Beispiel weiß keiner von uns, wie man sein Taschengeld verhandelt ...

Ähm ... Otto von Bismarck war ... König?

Frisör?

Nein, warte! Hat er den Eiswürfelbeutel erfunden?

Game of Thrones (die Fernsehserie) wurde als eine Art Sopranos in Mittelerde gepitcht. Das ist witzig, Tolkien hätte wahrscheinlich ...

Meine Damen und Herren, bewundern Sie mein 100 % unbrauchbares Gedächtnis.

Nein, ich bringe keine Einsen nach Hause.
Doch, ich finde die, die das tun, cool.

So langsam verliere ich den Glauben daran,
dass es sich lohnt, »erfolgreich« zu sein.

Wenn ich mir vorstelle, wie es ist, gemütlich mit einer schönen Tasse Kaffee im Café zu sitzen.

Wenn ich wirklich mit einem Kaffee im Café sitze: Satans höchstpersönliches Scheißgebräu.

Wenn meine Eltern so viel über mich wüssten, wie sie über mich zu wissen glauben, hätten sie mich längst auf ein Schweizer Internat geschickt.

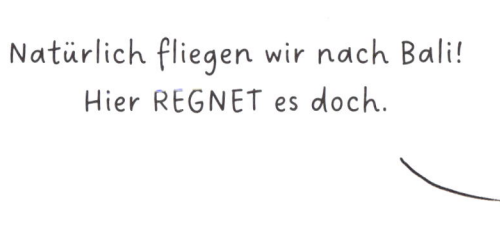

Jedes Mal, wenn ein Erwachsener seine Bildschirmzeit nicht unter Kontrolle hat, tötet Gott einen Babydelfin.

Originalausgabe erschienen
unter dem Titel *Det bliver et langt liv*
© StineStregen og Gads Forlag, 2020

Für die deutsche Ausgabe:
© 2022 Mixtvision, Leopoldstraße 25, 80802 München
www.mixtvision.de
Alle Rechte vorbehalten
Übersetzung: Meike Blatzheim

Layout und Satz: Nadine Clemens
Druck und Bindung: Memminger MedienCentrum

ISBN: 978-3-95854-184-9

Zitate S. 11: Dr. Maya Angelou, Ute Ehrhardt, u.a.
S. 37, 57 Looking for Freedom: Text: Gary Cowtan
© Ariola, Sony Music Entertainment